206 OS DANS MON CORPS

de Angèle Delaunois
illustré par François Thisdale

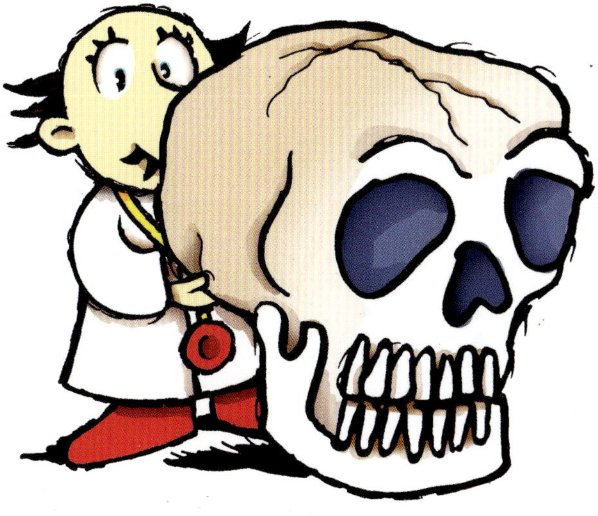

Ombilic

206 OS DANS MON CORPS

Direction éditoriale : Angèle Delaunois
Direction artistique : Pierre Houde
Édition électronique : Hélène Meunier
Révision linguistique : Jocelyne Vézina
Production : Rhéa Dufresne

Dépôt légal : 2e trimestre 2011

Édition imprimée : ISBN : 978-2-923234-73-1
Édition numérique : ISBN : 978-2-923818- 67-2

Bibliothèque nationale du Québec
Bibliothèque nationale du Canada

Nos plus sincères remerciements à Robert Brench M.D. pour sa généreuse participation à ce projet.

Catalogage avant publication de Bibliothèque et Archives nationales du Québec et Bibliothèque et Archives Canada

Delaunois, Angèle
206 os dans mon corps
(Ombilic ; no 18)
Pour enfants de 4 ans et plus.
ISBN 978-2-923234-73-1
1. Os - Ouvrages pour la jeunesse. 2. Appareil locomoteur - Ouvrages pour la jeunesse. I. Thisdale, François, 1964- . II. Titre. III. Titre: Deux cent six os dans mon corps. IV. Collection: Ombilic ; no 18.
QP88.2.D44 2011 j612.7/5 C2011-940356-0

Nous remercions le Gouvernement du Québec
Programme de crédit d'impôt pour l'édition de livres – Gestion SODEC

Conseil des Arts du Canada / Canada Council for the Arts
Nous remercions le Conseil des Arts du Canada de l'aide accordée à notre programme de publication.

ÉDITIONS DE L'ISATIS
4829, avenue Victoria
MONTRÉAL - H3W 2M9
www.editionsdelisatis.com
imprimé au Canada

ASSOCIATION NATIONALE DES ÉDITEURS DE LIVRES

ENCRES SANS C.O.V.

FSC www.fsc.org MIXTE Papier issu de sources responsables FSC® C102564

Distributeur au Canada : Diffusion du livre Mirabel

À Robert Brench,
le cousin du prof Ombilic.

LORSQUE TU TOUCHES TON BRAS, TA JAMBE
OU TA TÊTE, TU SENS QUELQUE CHOSE DE DUR
SOUS TA PEAU. C'EST UN OS. IL Y A BEAUCOUP D'OS
DANS TON CORPS. UN HUMAIN QUI A FINI
DE GRANDIR EN POSSÈDE 206. L'ENSEMBLE DES OS
S'APPELLE LE SQUELETTE.

Sans mes os, mon corps serait mou
comme celui d'une limace.

HOU LA LA !

LES OS DE TON SQUELETTE ONT LA FORME QUI CONVIENT LE MIEUX AU TRAVAIL QU'ILS DOIVENT FAIRE. CERTAINS SONT LONGS, COMME LES OS DE TES BRAS ET DE TES JAMBES. D'AUTRES RESSEMBLENT À DES PLAQUES, COMME CEUX DE TON CRÂNE. PLUSIEURS ONT UNE FORME ARRONDIE, COMME TA ROTULE OU TON TALON.

Les plus petits os de mon corps sont les osselets cachés dans mon oreille. Ils ne mesurent que quelques millimètres.

Le plus grand, c'est l'os de mon bassin qui protège les organes de mon ventre.

LES OS DE TON SQUELETTE SONT TRÈS SOLIDES. POURTANT, ILS SONT LÉGERS. ILS TE PERMETTENT DE FAIRE UN TAS DE MOUVEMENTS. ILS PEUVENT ÉGALEMENT RÉSISTER AUX CHOCS LORSQUE TU TOMBES OU AUX TORSIONS SI TU TE TORDS LE PIED OU LA MAIN.

L'EXTÉRIEUR DE TES OS EST DUR, MAIS L'INTÉRIEUR EST CREUX ET RESSEMBLE UN PEU À UNE ÉPONGE PLEINE DE PETITES ROUTES QUI COMMUNIQUENT ENTRE ELLES. DES VAISSEAUX SANGUINS ET DES CELLULES SPÉCIALEMENT FABRIQUÉES POUR NOURRIR TES OS CIRCULENT DANS CES PETITES ROUTES.

Quel circuit!

DANS LE VENTRE DE SA MAMAN, LES OS DU FUTUR BÉBÉ SONT MOUS. LORSQU'IL VIENT AU MONDE, LE SQUELETTE DU NOUVEAU-NÉ EST UN PEU PLUS DUR, MAIS IL N'EST PAS ENCORE ACHEVÉ.

DURANT TON ENFANCE,
TES OS VONT GRANDIR TOUT LE TEMPS.
LEUR CROISSANCE S'ARRÊTERA
LORSQUE TU AURAS ENVIRON
DIX-HUIT ANS.

Lorsque je porte ma petite sœur, je soutiens bien sa tête parce que ses os sont encore mous.

C'est important!

LES OS DE TON CORPS SONT RÉPARTIS ÉGALEMENT DE CHAQUE CÔTÉ DE TA COLONNE VERTÉBRALE. CELA VEUT DIRE QUE TU AS EXACTEMENT LE MÊME NOMBRE D'OS DU CÔTÉ DROIT QUE DU CÔTÉ GAUCHE.

LES SAVANTS ONT SÉPARÉ NOTRE SQUELETTE EN DEUX PARTIES. LA PREMIÈRE PARTIE, LE SQUELETTE AXIAL, COMPORTE 80 OS. CE SONT LE CRÂNE, LA COLONNE VERTÉBRALE, LES CÔTES ET LE STERNUM. ILS SERVENT À PROTÉGER LES ORGANES FRAGILES DE NOTRE CORPS.

LE SQUELETTE ARTICULAIRE
EST COMPOSÉ DE 126 OS :
CEUX DES BRAS, DES JAMBES,
DES MAINS, DES PIEDS ET DU BASSIN.
ILS NOUS PERMETTENT DE BOUGER.

un, deux, trois, go...

LE CRÂNE EST UNE GROSSE BOÎTE SOLIDE
QUI SERT À PROTÉGER LE CERVEAU.
ON Y TROUVE LA PLACE POUR LES YEUX,
LES OREILLES ET LA BOUCHE. LES DENTS
SONT PLANTÉES DANS L'OS DE LA MÂCHOIRE
QUI FAIT PARTIE DU CRÂNE.

COMME TU ES UN ENFANT, LES OS DE TON CRÂNE
NE SONT PAS ENCORE COMPLÈTEMENT SOUDÉS.
TON CERVEAU GRANDIT TRÈS VITE PARCE QUE
TU APPRENDS PLEIN DE CHOSES
ET IL A BESOIN DE PLACE.

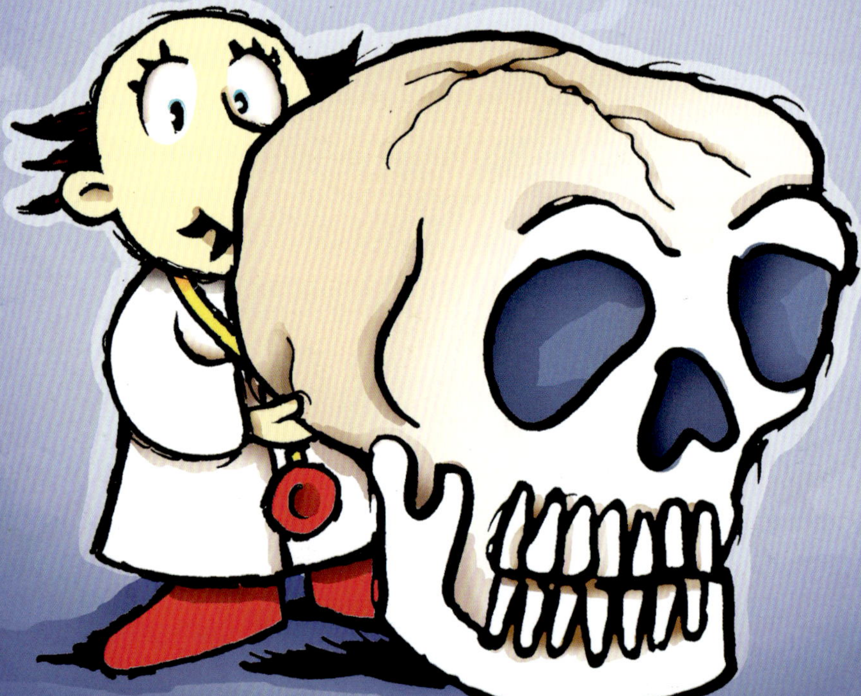

Mon crâne grandit en même temps que mon cerveau,

mais papa dit que j'ai la tête dure.

C'est normal !

TA COLONNE VERTÉBRALE EST COMPOSÉE DE 33 VERTÈBRES. ELLES SONT RELIÉES LES UNES AUX AUTRES PAR DES ARTICULATIONS. IL Y A UN GROS TROU AU MILIEU DE CHAQUE VERTÈBRE AFIN DE LAISSER PASSER LA MOELLE ÉPINIÈRE, UNE SORTE DE LIQUIDE ÉPAIS OÙ VOYAGENT LES NERFS QUI REJOIGNENT TES BRAS, TES JAMBES ET LES AUTRES ENDROITS DE TON CORPS QUI TE PERMETTENT DE BOUGER.

LES CÔTES S'ATTACHENT DE CHAQUE CÔTÉ DE TA COLONNE VERTÉBRALE ET SE REJOIGNENT SUR LE DEVANT DE TON CORPS. ELLES FORMENT LA CAGE THORACIQUE. DEDANS, BIEN À L'ABRI, IL Y A TON CŒUR ET TES POUMONS.

Ma colonne est tellement souple
que je peux faire des sauts périlleux.

TES MAINS ET TES PIEDS SONT FORMIDABLES. DANS CHACUNE DE TES MAINS, IL Y A 27 OS DIFFÉRENTS. TES MAINS SONT DES OUTILS D'UNE GRANDE PRÉCISION. ELLES TE PERMETTENT DE FAIRE DES GESTES TRÈS DÉLICATS, COMME SAISIR UNE PLUME PAR EXEMPLE, OU DES GESTES PLUS DIFFICILES COMME DÉVISSER UN BOUCHON TRÈS SERRÉ.

TON PIED EST COMPOSÉ DE 26 OS. TOUT LE POIDS DE TON CORPS REPOSE SUR LA PLANTE DE TES PIEDS. GRÂCE À EUX, TU PEUX MARCHER, COURIR, DANSER, GLISSER, SAUTER OU SIMPLEMENT TE TENIR DEBOUT.

Je suis capable de poser mon pouce sur mes autres doigts.

Aucun animal ne peut le faire !

GÉNIAL!

MÊME S'IL EST TRÈS SOLIDE, TON SQUELETTE NE PEUT PAS RÉSISTER À TOUS LES CHOCS. AU COURS D'UN ACCIDENT, UN DE TES OS PEUT SE FRACTURER.

En faisant du patin, Victor s'est cassé la jambe.
Il a beaucoup pleuré, car il a eu très mal.
On l'a conduit à l'hôpital en ambulance.
Lorsqu'il est revenu à l'école, tous les amis
de la classe ont signé leur nom sur son plâtre.

QUE SE PASSE-T-IL SI TU TE CASSES UN BRAS OU UNE JAMBE ?

COMME PLUSIEURS VAISSEAUX SANGUINS SONT BRISÉS, DU SANG VA DURCIR AUTOUR DE LA CASSURE ET FORMER UNE SORTE DE BOUCHON. À L'HÔPITAL, TON MÉDECIN FAVORI VA REPLACER L'OS BLESSÉ DANS LA BONNE POSITION. ENSUITE, IL VA METTRE UN PLÂTRE TOUT AUTOUR POUR IMMOBILISER L'ENDROIT BLESSÉ.

LES PETITS SOLDATS DE TON CORPS VONT SE METTRE AU TRAVAIL ET RÉPARER LES DEUX MORCEAUX CASSÉS. LORSQU'ON RETIRERA LE PLÂTRE, TOUT SERA COMME AVANT.

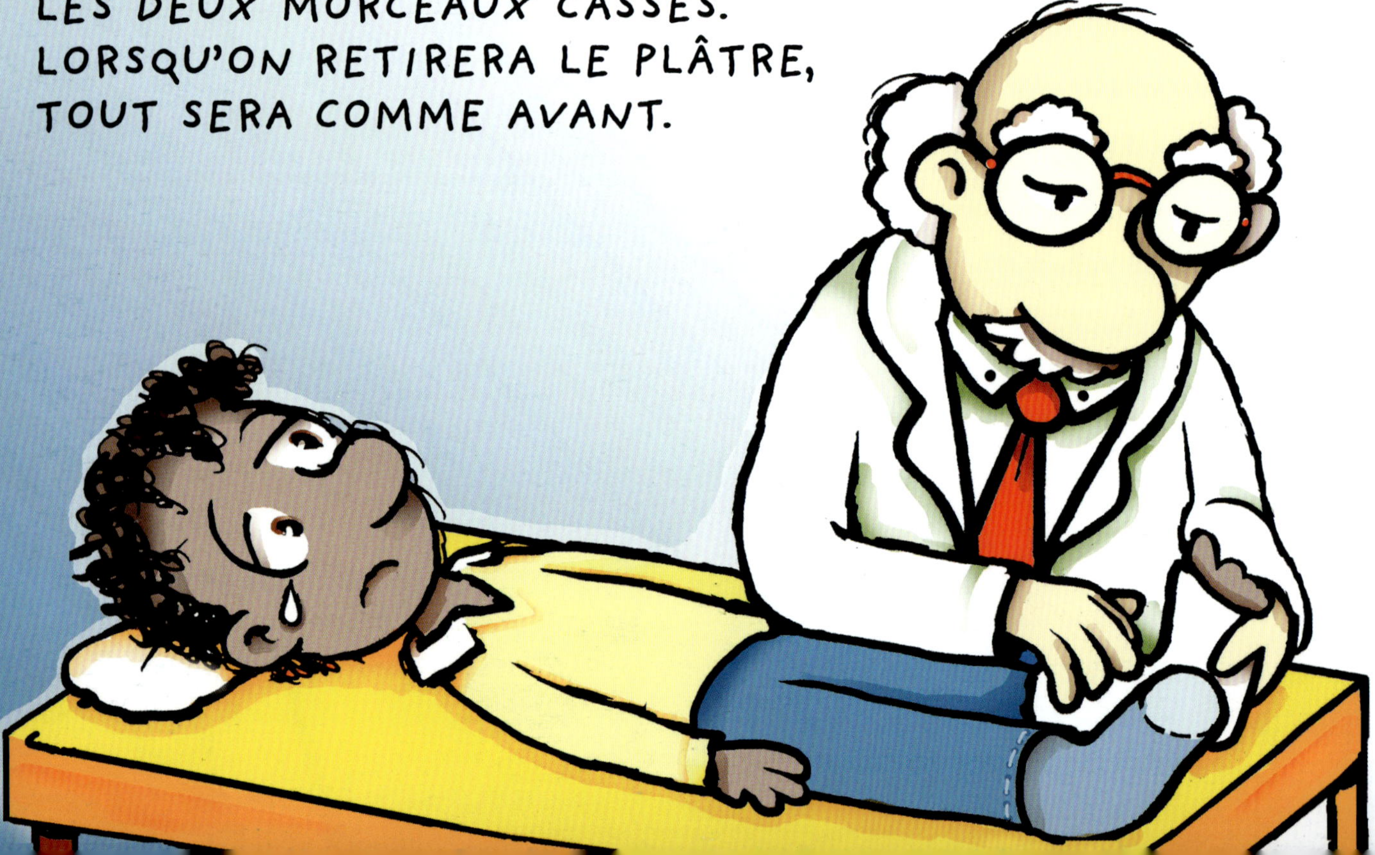

Les os brisés se reconstituent en six semaines environ chez les adultes. C'est un peu moins long pour les enfants.

Fais attention !

REGARDE TA MAIN. REMUE TES DOIGTS.
LÀ OÙ SE RENCONTRENT DEUX OS,
IL Y A UNE ARTICULATION. DANS TOUT TON CORPS,
IL Y EN A PLUS DE 300. SANS ARTICULATIONS,
TU NE SERAIS PAS CAPABLE DE FAIRE GRAND-CHOSE.
CELLES-CI PERMETTENT À TES OS DE PIVOTER,
DE GLISSER OU DE S'INCLINER.

DANS UNE ARTICULATION,
L'EXTRÉMITÉ DES OS EST RECOUVERTE
DE CARTILAGE POUR ÉVITER
LE FROTTEMENT. DE PLUS, L'ARTICULATION
BAIGNE DANS UN LIQUIDE SPÉCIAL
QUI RESSEMBLE À DU GEL.
ENFIN, UN LIGAMENT,
UNE SORTE DE PEAU TRÈS SOLIDE,
RECOUVRE LE TOUT POUR EMPÊCHER
L'ARTICULATION DE BOUGER
DANS TOUS LES SENS.

Mon papi dit qu'il a mal à ses articulations

parce qu'elles sont usées.

CEPENDANT, LE SQUELETTE ET LES ARTICULATIONS NE SUFFISENT PAS. IL FAUT AUSSI DES MUSCLES. CEUX-CI HABILLENT TON SQUELETTE, DESSINENT TA SILHOUETTE ET REPRÉSENTENT LA MOITIÉ DE TON POIDS. SANS EUX, TON CORPS TOMBERAIT PAR TERRE ET TU NE POURRAIS PAS BOUGER. LES MUSCLES SONT ATTACHÉS AUX OS PAR DES TENDONS TRÈS SOLIDES.

Grâce aux muscles de mon visage, je peux faire des grimaces.

IL NE FAUT PAS OUBLIER L'ORDINATEUR DE TON CORPS : TON CERVEAU. C'EST LUI QUI CONTRÔLE TOUT. LORSQUE TU VEUX MARCHER, PAR EXEMPLE, IL ENVOIE UN MINUSCULE COURANT ÉLECTRIQUE À TES NERFS. CELUI-CI DESCEND DANS TA MOELLE ÉPINIÈRE JUSQU'À TES JAMBES QUI SE METTENT À BOUGER. TOUT CELA SE FAIT TRÈS VITE. TU NE T'EN RENDS MÊME PAS COMPTE.

C'est grâce à mon cerveau que je peux me tenir debout, marcher, courir, écrire, jouer de la musique, danser, taper sur un ballon, faire de la gym...

LES OS SE RENOUVELLENT DURANT TOUTE NOTRE VIE, MAIS C'EST DURANT L'ENFANCE QU'ILS GRANDISSENT LE PLUS VITE. PAR CONSÉQUENT, TU DOIS BIEN MANGER POUR LEUR APPORTER TOUT CE QUI LEUR EST NÉCESSAIRE.

Pour grandir en bonne santé, je mange :

- des produits laitiers comme le lait, le yogourt et le fromage, qui contiennent beaucoup de calcium,
- des fruits et des légumes riches en vitamines et en sels minéraux,
- de la viande, du poisson, des œufs, des légumineuses, du soya, du beurre d'arachides qui sont plein de protéines.

Des petits livres qui répondent à de grandes questions !